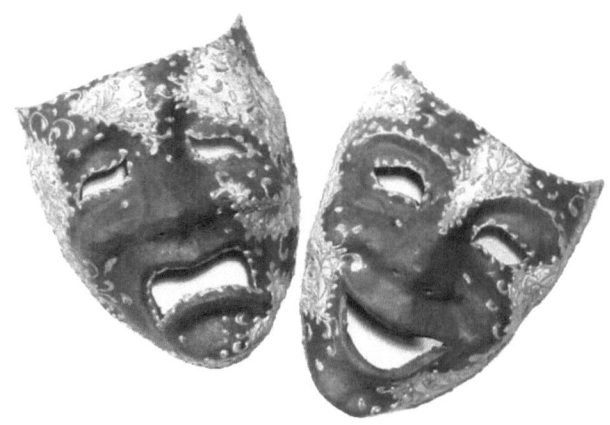

*Bunte Tränen *

Bunte Tränen ist ein überwiegend autobiographisches Buch, zudem mich verschiedene Facetten meines Lebens inspiriert haben.

Einen besonderen Dank widme ich meiner Frau für Ihre Unterstützung und Liebe!

Harald Bollen

© 2009 Harald Bollen   ISBN 978-3-8391-2425-3
Herstellung und Verlag: Books on Demand GmbH, Norderstedt
Umschlaggestaltung, Layout und Satz: Alexander Kröll
Bilder: www.pixelio.de (lizenzfreie Bilder)

Gedichte

Mit den Sinnen erfassen,
im Herzen bewahren,
mit der Seele schreiben,
es sind die Gedanken, die bleiben.

Familienbande

So manche Nacht
habe ich meine Eltern um den Schlaf gebracht.
Hoffen, bangen, sorgen,
doch Zuversicht erweckt den Morgen.

Ob Großeltern, Geschwister, Papa und Mama,
alle sind wir füreinander da.
Wärme, Geborgenheit, Vertrauen,
das ist Familie, darauf kannst Du bauen.

Vom Mutterlaib lockt nun ein heller Schein,
hier bin ich Mensch, hier darf ich sein,
Willkommen bin ich in dieser Welt,
Familienglück, das ist es, was zählt.

In freudiger Erwartung

Und sie spüren in diesen Tagen,
sie haben es ja auch gewollt.
In Ihr zwei Herzen schlagen,
gefüllt voller Gold.

Seltsam giert auch mal Ihr Magen,
gar heftig strampelt der Kobold.
Mal lacht Sie, mal platzt Ihr der Kragen,
doch er bleibt Ihr stets hold.

Nun, ein jedes Warten hat ein Ende,
alle Herzen sind voller Stolz.
Behutsam reichen sie sich die Hände,
geschnitzt aus demselben Holz.

Willkommen im Leben

So zart und doch sooo groß,
eine winzige Hand lässt Dich nicht mehr los.
Sie hält Dich fest, so gut sie kann,
zwei süße Augen blinzeln Dich an.
Die speckigen Beinchen strampeln wild,
selbst Schreie von ihm stimmen Dich mild.
Gierig saugt ein kleiner Mund,
merklich putzmunter und gesund.
Wenn Du es wiegst im Arm hin und her,
dann schlummert es friedlich, still, so sehr.
Du kannst den Blick nicht von ihm wenden,
mögen Momente wie diese niemals enden.
Eine Träne des Glücks läuft die Wange hinunter,
zu recht bist Du stolz auf das kleine Wunder.

Mutterherz

Vieles wollte ich Dir schon immer sagen,
Deine Liebe ist so selbstverständlich.
Wirst von mir geliebt seit jüngsten Kindertagen,
Dein großes Herz ist für mich schier unendlich.

Warst immer für mich Freundin und Berater,
bei Problemen hieltest Du meine Hand.
Dir zur Seite stehend natürlich auch der Vater,
für Spaß und Frohsinn bist Du auch bekannt.

Hast mein Leben stets wachsam begleitet,
bist für mich immer da, auch ohne Lohn.
Deine Mühe und Güte haben mich dazu verleitet,
Dir zu sagen, „Mama, ich liebe Dich!" Dein Sohn!

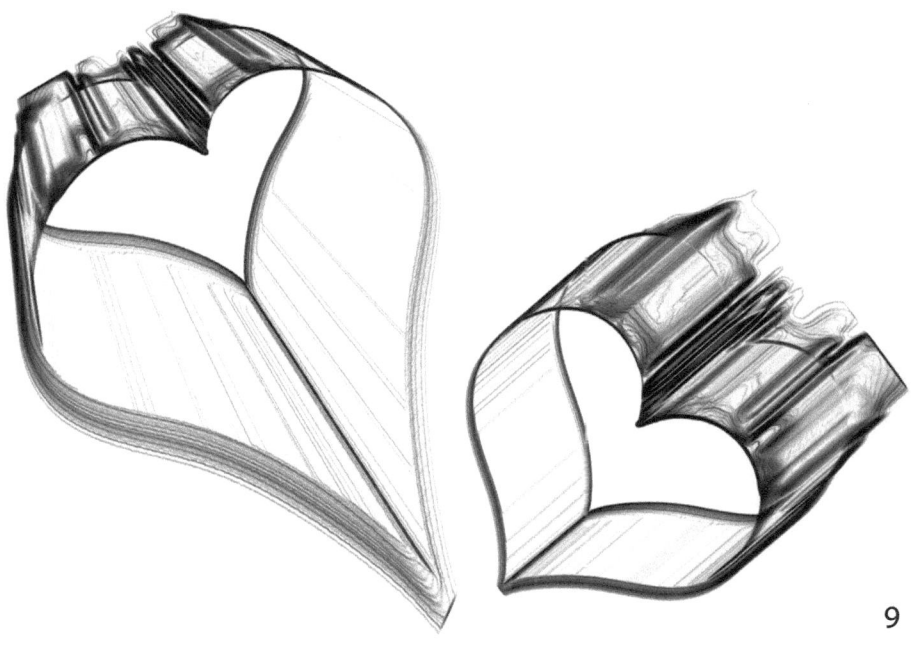

Kinder

Kinder sind wie Körner einer guten Saat,
drum lasst uns sie behütet gedeihen.
Denn wir vererben ihnen einst unseren Staat,
und deshalb lasset sie nicht nach unserer Liebe schreien!

Kinder sagen das, was sie denken,
sie sind unser Vermächtnis an die Welt von morgen.
Steht ihnen zur Seite, um sie richtig zu lenken,
mit Kindern verbunden sind oft Freude und Sorgen.

Kinder fragen nicht nach dem Wie oder Wann,
in ihrem Spiel ist immer viel Herz.
Kinderaugen ziehen uns in ihren Bann,
ihr Lächeln belohnt uns, und das ist kein Scherz.

Kinder sind die Zukunft unserer Generation,
aber was werden wir ihnen hinterlassen?
Ihnen unbekannt sind noch Hass, Neid und Aggression,
setzt ein Zeichen, um diese Welt im Guten zu überlassen!

Erwachsen werden

Du bist ein Teil
in meinem reich erfüllten Leben
und dieser wunderschönen Welt.
Habe Dir versucht oft mehr zu geben,
als Unterkunft und etwas Geld.
Deine Kinderzeit ging schnell dahin.
Du hast mir viel Humor beschert.
Du bist und bleibst ein glücklicher Gewinn,
als Dank und Teil aus meinem Lebenswerk.
Träume Deinen schönsten Traum vom Leben.

Und mache ihn wahr im Laufe Deiner Zeit,
den kann Dir letztlich keiner nehmen,
mit Liebe, Fleiß und Dankbarkeit.
Mein Herz wird immer bei Dir sein,
ich wünsche Dir ein Leben voller Glück.
Wirst Du Dich dann bald von mir ganz befreien,
so sei Dir sicher: Ich will NICHTS von Dir zurück.
Das, was ich geben konnte, habe ich Dir gern gegeben,
es war eine Selbstverständlichkeit.
Habe keine Angst, so lebe Dein Leben
voll von Stärke, voll von Größe, voll von Herzlichkeit.

Mein Kind

Vorbei ist nun die Kinderzeit,
mit Gottes Segen nimmst Du Dein Leben in die Hand.
Bewahre Dir Humor, Herz und den Verstand,
das wünsche ich Dir, wenn Du bist bereit!

Gehe Deinen Weg unbeirrt voran,
und stets soll Dich das Glück begleiten.
In guten und in schlechten Zeiten,
und wenn Du jemanden brauchst, dann sage mir wann!

Für alle Fälle bleibe ich immer Deine Anlaufstelle!

Liebesreigen

Jeder Schlag meines Herzens
ist ein Geschenk an Dich,
ein Klopfen an Deiner Tür,
warum nur hörst Du es nicht?

Mein Leben ist wie ein Regenbogen,
nach dem Sturm erscheint die Farbenpracht,
mit Dir zu gleiten auf des Glückes Wogen,
ein brennendes Herz entflammt die Liebesmacht.

Seit Du mir fern bist,
mein Herz irrt umher,
Emotionen, die man nie vergisst,
doch Sehnsucht fällt schwer.

Ein stiller Gruß von diesem Ort,
mein Herz, es wünscht sich von hier fort,
hin zu Dir, ach wie allzu gern wäre ich nun dort!

Flitterwochen

Und ich träume uns noch einmal zurück,
wo unsere Herzen sich trafen,
besiegelt war frisch unser Glück,
hin zu diesem idyllischen Hafen.

Die Zeiger der Uhr blieben stehen,
ein Gefühl wie Magie,
die Welt hörte auf sich zu drehen,
Leidenschaft, Sinnlichkeit, vereint in Harmonie.

Ich und Du,
so frei und unbeschwert,
frisch verliebt wie beim ersten Rendez-vous,
noch immer unsere Liebe sich stets bewährt.

Und ich träume uns noch einmal zurück!

Urlaub

Fernab von allen Zwängen,
dort am Rande der Zeit,
heraus aus des Alltags Fängen,
kein Muss weit und breit.
Sonnenschein, hinweg von Deinem gewohnten Gang,
die Akkus aufgefüllt, die Seele renoviert,
Leben spüren endlos lang.
Ja, so ein Urlaub sich stets bewährt.

Bunte Tränen

Facetten von Liebe, Leben und Tod,
Egoist, der ich bin,
anmaßend trotze ich aller Moral und Gebot.
Reime schmiedend schreibe ich es dahin.

Selbsternannt zum Dichter und Denker,
geknechtet im strebsamen Drängen,
des Poeten Wort vollstreckt wie ein Henker,
das Herz zerrissen in all den Zwängen.

Es ist ein dämonisches Spiel,
Du glaubst mich zu kennen.
Wege zu zeigen, Besinnung mein Ziel,
doch wer sieht meine bunten Tränen?

Meine Seele sehnt sich nach dem Licht,
doch frei - frei bin ich nicht!

Unverstanden

Unverstanden fühle ich mich an manchen Tagen,
ein jeder kennt die guten und auch schlechten Phasen.
Die Seele gereizt und das Herz voller Klagen,
frustriert, als hätte man mir den Marsch geblasen.

Von Zweifeln getrieben, bin ich nicht mehr der, der ich bin.
Die Sinne vernebelt, verdecken das Sein,
Fragen und Wut verklären den Sinn,
Mensch, was ist die Welt doch gemein.

Deine Ratschläge, die kannst Du Dir schenken,
die Bestie, gespeist mit glühenden Gedanken.
Der Zorn in mir, er lässt sich nicht lenken,
hinfort nun mit all diesen Schranken.

Zur Besinnung kommend siegt der Verstand,
der Vulkan erloschen, aber es musste mal raus.
Bitte verzeih, und nimm meine Hand,
gebrüllt wie ein Löwe, doch eigentlich zahm wie eine Maus!

Unser Cafe

Komm, lass uns gehen,
es lockt der Duft von frischen Croissants und heißem Kaffee,
Sonntag morgens, kurz vor halb zehn,
hin zu unserem Cafe.

Am Tisch in der Ecke grüßt der alte Mann,
seine Worte klingen bitter,
weil das Schicksal ihm die Liebste nahm.

Auf der Bank teilen sich die frisch Vermählten ihr Frühstück,
Hand in Hand, verschmelzend ihr Blick,
in wenigen Wochen erwarten sie ihr Glück.

Auch die beiden Damen an Tisch 3,
tauschen sich aus über Kirche und lokales,
sie sind stets dabei.

Der Herr, der hier seine Zeitung liest,
die Sonne scheint zum Fenster herein,
er wirkt relaxt, weil er genießt.

Nächste Woche gibt es ein Wiedersehen,
es lockt der Duft von frischen Croissants und heißem Kaffee,
Sonntag morgens, kurz vor halb zehn,
hin zu unserem Cafe.

Heimat

Heimat ist Dein Land, Dein Traum,
es ist ein Ort, wo Du geboren.
Dort verschmelzen Zeit und Raum,
voller Sehnsucht in Deinem Herzen auserkoren.

Du fühlst Dich mit dem Land verbunden,
jederzeit und überall kennst Du Dich dort aus.
Wurzeln – Deine Menschen hast Du dort gefunden,
und bist Du auch fort, kommt tief in Dir ein Wunsch heraus.

Heimat ist für Dich kein leeres Wort,
in Deinem Geiste kann die Erinnerung leben.
Für andere ist dies vielleicht ein fremder Ort,
aber Dir wird er immer Geborgenheit geben.

Frühlingserwachen

Und gerade habe ich ihn genossen,
auf der Terrasse den Kaffee.
Vergessen waren die Gedanken
an Winterwetter, Matsch und Schnee.

Wärmend jeder Strahl der Sonne,
glücksbeseelend, ein Genuss,
ein Vogel pfiff vergnügt ein Liedchen,
es war des Frühlings erster Kuss.

Und aus den Beeten sprießen Blumen,
hoch hinaus will erstes Grün,
und winzig Primeln bunt verlocken,
erscheinen willensstark und kühn.

Im Taumel dieses Glücksgefühles,
erhellt sich Denken, Fühlen, Sein,
so einfach und doch unbezahlbar,
ist erster wärmend Sonnenschein.

Der Baum

Fest und tief verwurzelt in der Erde,
steht er auf der Weide, um ihn herum grasen Pferde.

In den Wintertagen schaut er einsam und kahl,
der Schnee bedeckt sein Geäst mit weißem Schal.

Der Odem des Lebens eingehaucht vom Lenz,
unaufhaltsam blühend befreit sich die Natur von ihrer Abstinenz.

Im buschigen Kleide spendet der Baum im Sommer seinen Schatten,
die Melodien der Vögel erklingen in ihrem Garten.

Der Herbst zieht mit seinen Stürmen ins Land,
das Farbenspiel der Blätter ist dem Betrachter wohl bekannt.

So steht der Baum nun tagaus tagein,
unbeugsam trotzt er allen Wettern,
an den Ringen prägt er sich seine Jahre ein,
in der Rinde verewigt ein Herz, geschnitzt mit unseren Lettern.

Rückblick nach vorn

Wieder ist ein Jahr vorüber,
viele Dinge sind geschehen.
Gute und auch schlechte Tage
haben wir so oft gesehen.

Noch einmal blicken wir zurück
auf das vergangene Jahr.
Wir denken an die schöne Zeit
und an alles, was geschah.

Frühling, Sommer, Herbst und
Winter gingen doch so schnell
vorbei.

Wir hoffen, dass die Erinnerung
noch lange in uns sei.

Das Jahr, das nun vergangen ist,
es brachte Schmerz und Glück.
Stunden voller Spaß und Freude,
kehren doch nie mehr zurück.

Ein neues Jahr steht schon bereit,
wir warten schon lang drauf.
Was immer es auch bringen mag,
wir stoßen an darauf.

Vater & Sohn

Du bautest meine kleine Eisenbahn,
ich war so stolz auf Dich,
hast mir beigebracht Rad zu fahren,
Du bist der erste beste Freund für mich.
Vater und Sohn, unzertrennlich wie Sonne und Mond,
Deine Liebe hat mich immer belohnt.

Wenn Du am Abend heim kamst, lag ich schon in Deinem Arm,
Liebe und Kampf ein Leben lang,
bei „Männersachen" ich zu Dir kam,
beim Fußball spielen, mit Dir im Tor, selten ein „Elfer" gelang.
Vater und Sohn, unzertrennlich wie Finger und Hand,
nie zerschnitten ist das Band.

Diskutiert über Frauen und Sport,
Deine Meinung, sie bedeutet mir sehr viel,
ein Mann muss stehen zu seinem Wort,
meine Erziehung war nicht immer nur Spiel.
Vater und Sohn, unzertrennlich wie Ebbe und Flut,
ich bin von Deinem Blut.

Nur ein Tag

Nur ein Tag, nur ein Jahr,
wie schnell verrinnt die Zeit.
Doch es bleibt, wie es war,
Du hast das schönste Lächeln jederzeit!

Silbervogel

Schaue ich zu den Wolken hinauf,
dann kommt eine Sehnsucht in mir auf.
Dort sehe ich ihn fliegen,
lasse mich von meinen Tränen besiegen.

Seine Schwingen geführt vom Wind,
bringt er die Menschen zu ihrem Ziel geschwind.
Nur allzu gern würde ich nun bei ihr sein,
am Airport ein letzter Kuss im grellen Neonschein.

Silbervogel, bitte bringe sie mir wieder zurück,
denn sie ist doch all mein ganzes Glück.
Noch lange schaue ich dem Flugzeug nach,
es wird eine lange Zeit, Tag für Tag.

Doch schon bald werden wir uns wiedersehen,
bei der Landung vom Geschäftsflug aus Athen.
Dann werde ich mit Blumen auf sie warten,
frisch gepflückt aus unserem Garten.

Liebe & Leben

Der Krieg war verloren,
geschunden kam er aus fernen
Landen, in den wirren Jahren
ihre Herzen zueinander fanden.

Mit Mut, Willen und Schweiß
begannen sie den Aufbau,
als Kumpel unter Tage, oben
war die Trümmerfrau.

Langsam stellte sich ein wenig
Wohlstand ein, mit den Kindern
kamen Glück und Sonnen-
schein.

Mit dem ersten Auto fuhr man
über den Brenner nach Italien,
der Schwager versorgte den
Hund, der Nachbar goss die
Dahlien.

In guten wie in schlechten
Zeiten, Zusammenhalt und
Zuversicht sie stets begleiteten.

Die Silberhochzeit war noch
ein Tag, wo ein jeder sich gern
daran erinnern mag.

Jahre später, die Kinder waren
lange aus dem Haus, für die
beiden wurde es zu viel, sie
zogen aus.

Alles, was man gemeinsam auf-
gebaut, jeder Winkel und Nagel
war da vertraut.

Von nun an lebten sie im
Altenheim, im Zimmer Nr 4.
Kein Klinker vor dem Haus,
ganz schlicht ist hier die Tür.

Mit Liebe und Bildern schmück-
ten sie ihr Zimmer, vor fast
einem Jahr ging sie dann für
immer.

Die Kinder sieht er so gut wie
nie, Familie und Beruf,
Zeit, sag mir wie?

Täglich sieht man ihn an ihrem
Grab, er ist sehr einsam, seit sie
starb.

Die Einsamkeit fällt Ihm sehr
schwer, irgendwann sind sie
wieder vereint, darauf hofft er
sehr!

Das Leben

Sich selbst begreifen,
durch Wachstum reifen,
mit Freuden und Mühen,
ganz neu erblühen.

Altes erfassen,
auch gehen lassen,
mit offenem Blick,
zu neuem Geschick.

Kräfte erlangen,
und ganz unbefangen,
das Leben meistern,
um sich stets zu begeistern.

Lebe bewusst

Vergeht auch Jahr um Jahr,
das Leben sollte man stets genießen,
denn nichts bleibt so, wie es einmal war,
doch keine Stunde sollte ohne Freude
verfließen!

Die Farben des Lebens

Was wäre unsere Welt nur ohne Farben?
Sie zu missen fiele mir schwer,
in mir brodeln tausend Fragen,
kunterbunt schimmert das Leben umher.

Manchmal fühlst Du Dich einsam und flau,
an solchen Tagen siehst Du alles grau in grau.

Doch dann strahlt die Sonne so schön,
und dazu prahlt die Natur mit ihrem Grün.

Das Blut in den Adern, unser Lebenssaft ist rot,
und hört es auf zu fließen, dann wartet der Tod.

Das Meer, es scheint mal grün oder blau,
endlos weit, wohin ich auch schau.

Und denke ich an meine Liebste, der Holden,
mit ihr kann ich mein Lebensglück vergolden.

Kein Maler hat solch eine Vielfalt auf seiner Palette,
für mich ist das Leben wie eine Galerie,
jeder Farbton zeigt seine Facette,
spüre die Farben, und male Dein Leben mit Deiner Phantasie.

28

Zeit

Im Erdenplan sind wir Menschen nur ein Wimpernschlag,
auf dem blauen Globus lebten schon mancherlei Pflanzen und Getier,
die Zeit wurde von uns geteilt in Jahr, Monat und auch Tag,
ob Evolution oder Religion, die Zeit tickt auch in Dir und mir.

Auch Herr Einstein wusste schon, die Zeit ist relativ,
sie zu vergeuden, wäre schade um jede schöne Stunde,
nutze die Zeit, lebe bewusst und kreativ,
denn Deine Zeit ist zu kostbar in dieser Lebensrunde.

Nicht in Formeln messbar ist ein Augenblick,
im Auge des Betrachters liegt das Empfinden.
Viel zu lang im Ungemach, unendlich kurz im Glück,
gib Dir Zeit und Kraft, um alle Hürden zu überwinden.

Ich danke Dir nun für Deine Zeit, die Du Dir hast für mich genommen,
auch ich bin stets an die Zeiger der Uhr gebunden.
Ob Augenblick, ob Ewigkeit, der nächste Termin, er wird schon kommen,
es nagt der Zahn der Zeit, und manchmal, so sagt man,
heilt sie alle Wunden.

Engel

Wie stellst Du Dir Engel vor?
Ich denke, von ihrer Art gibt es vielerlei,
Harfe spielend und singend im Chor?
Und wenn Du an sie glaubst, dann ist auch ein Engel für Dich dabei.

Dein Schutzengel leitet und schützet Dich,
unsichtbar, doch immer nah, erfüllt er seine Pflicht.

Auch ein Mensch, der anderen Gutes tut,
ist schon beizeiten ein Engel, hilft er doch mit seinem Mut.

In den Religionen sind es meist geflügelte Wesen,
auch in Sagen und Legenden kannst Du vieles über Engel lesen.

Und wenn Du schaust zum Himmel, genau zum Abendrot,
dann backen sie leckere Plätzchen und frisches Brot.

Ob es nun Engel gibt oder nicht,
doch nicht an sie zu glauben wäre schade,
auch ich bin nur ein Mensch, was weiß denn ich?
Ohne Glaube und Hoffnung wäre unsere Welt wie Nächte ohne Tage.

Glaube & Bekenntnis

Als Menschenkind, dereinst vom Herrn erkoren,
als Täufling vereint im Christenbunde,
gestärkt und im Glauben geboren,
gelobe und preise der frohen Kunde!

Der Herr schaut vom Himmel und sieht alle Menschenkinder!
Er speiset unsere Seelen mit göttlichem Manna und Trank,
drum lasset uns loben und preisen ihn mit tiefstem Dank!

Aus dem Kinde nun der Mann erwacht,
doch lass Dir niemals rauben,
was das Leben wertvoll macht:
Hoffen, Lieben, Glauben!

Der Traum

In den Armen sie sich liegen,
global erschallen die gleichen Lieder,
hinfort mit allen Kriegen,
alle Menschen werden Brüder.

Blumen fluten den Asphalt,
die Natur erfüllt von neuem Leben,
Hand in Hand, reich und arm, jung und alt,
Hey, was kann es Schöneres geben?

Doch ich glaube es kaum,
ich werde wach, und schaue umher,
war alles nur ein Traum?

Friede
auf
Erden

Verlorener Freund

Vielleicht kannst auch Du empfinden,
was mit mir und meinem Freund geschah,
noch immer fällt es mir schwer zu überwinden,
zu spüren, seine Nähe ist nicht mehr da.

Auch wenn wir waren nicht von derselben Gestalt,
seine Augen, lupenrein wie feinster Quarz,
frei und ungestüm streiften wir durch Feld und Wald,
schön war es, wenn er bei mir saß.

Für mich war er Clown und Kamerad,
war ich fort, wartete er stets in seinem Revier,
unbekannt für ihn war der Verrat,
ihn zu lieben und zu kraulen war der Dank dafür.

Die Zeit mit uns verging sehr schnell,
bei manchen Leuten ist ein Hund bloß ein Tier,
durch einen Unfall verstummte für immer sein Gebell,
doch mein verlorener Freund war ein Teil von mir.

Mach et jut!

Unbeschreiblich

Es gibt Menschen, die es schaffen,
jemand anderen durch ein einziges Lächeln froh zu machen.
Zu denen gehörst auch Du.

Es gibt Menschen, denen man vertrauen kann,
ohne sich über Risiken Gedanken zu machen.
Zu denen gehörst auch Du.

Es gibt Menschen, die man nur gern haben kann,
zum diskutieren, necken, weinen und auch lachen.
Zu denen gehörst auch Du.

Doch halt mein Freund, ich gebe es ja zu,
keiner ist so unbeschreiblich wie Du!

Wahre Freundschaft

Freundschaft besteht aus Ehrlichkeit,
Freundschaft gibt Kraft,
Freundschaft ist schön.

Freundschaft bedeutet, gemeinsam durch dick und dünn zu gehen`.
Ist man sich nah oder fern,
man hat sich immer gern.

Bei Problemen wird geholfen,
in den meisten Situationen wird gelacht oder geweint,
Fehler muss man einsehen und gestehen: „Es war nicht so gemeint!"
Freundschaft heißt nicht immer einer Meinung zu sein,
man muss lernen, tolerant mit jemanden umzugehen und zu verzeihen.

Echte Freundschaft vergeht nie,
und wenn Du es besser weißt, dann sag mir bitte wie???
Echte Freunde halten zusammen,
auch wenn sich die Wege trennen.

Trotzdem werden die Herzen vor Sehnsucht nach dem Freund brennen…

Sie

Sie ist ein beispielhaftes Sinnbild für viele,
deren Geschichte ich hier erzähle.

Ihre Krankheit schlich sich in Ihr Leben,
wollte Sie doch noch soviel erleben.

Sie war noch jung an Jahren,
doch schien Ihr Zug bereits abgefahren.

Für Ihre Familie ist es sehr schwer,
zu sehen, Ihre Kraft schwindet immer mehr.

Muskelschwund, so nennt man Ihr Leiden,
warum nur musste das Schicksal so entscheiden?

Doch Sie gibt sich nicht auf,
Hoffnung, Stärke und Vertrauen, da baut Sie darauf.

Ihren Humor, den hat Sie sich bewahrt,
Lebenswille und Mut, Tag für Tag.

Sie glaubt an sich und ist nie allein,
an Ihrem Bett geben sich Freunde und Familie ein Stelldichein.

Ihre Tränen siehst Du nie,
ich denke oft an sie und bewundere Sie!

Der Besuch

Dereinst wir die Schulbank
drückten, wir haben gelacht
und gespielt, es waren lehrrei-
che und schöne Zeiten, diese
verrückten.

Jeder war hinter ihr her, hinter
unserem Schwarm, sie war eine
Schönheit, von allen verehrt,
doch weder Du noch ich nah-
men sie in den Arm.

Die Jahre, sie zogen ins Land,
so manches Mal hatten wir die
Stühle hochgestellt, auf vielen
Partys und Feten waren wir
bekannt.

Plötzlich war nun vorbei die un-
beschwerte Zeit, das erste selbst
verdiente Geld, kurz danach war
auch schon die Hochzeit.

Familie und Job wurden das
Wichtigste in unserem Leben,
unsere Freundschaft, sie kam zu
kurz, Umzug und Kariere, so ist
das nun mal eben.

Von nun an ging ein jeder sei-
nen Weg, der Kontakt, er wurde
weniger, gelegentlich ein Anruf
waren der Erinnerung ein Beleg.

Deine Kinder, ich hatte sie noch
nie gesehen, Dein Lebensglück,
es schien Dir treu, und auch
sonst war viel geschehen.

Vor kurzem nun erreichte mich
diese Karte, meine Gedanken an
unsere Zeiten wurden wieder
wach, als ich sie las, das Blut in
mir erstarrte.

Da ich nun bei Dir bin,
stelle ich mir so viele Fragen, die
Antworten, sie bleiben stumm,
habe gedacht, es geht Dir gut,
nie hörte ich Dich klagen.

Doch nun ist es zu spät, nicht
zu weinen fällt mir schwer, ein
kühler Wind über den Gräbern
weht.

Für meine Liebste

War des Meisters Sieg auch noch so groß,
nun, ich schau umher,
ich mich frage mich, wo bist Du bloß.
Denn Sehnsucht fällt schwer.

Mein Kamerad in Freud und Leid,
verbunden durch des Schicksals Mächte,
stehst Du mir zur Seite jederzeit,
teilst mit mir die Tage und die Nächte.

Dich zu lieben ist so wunderbar,
Du gibst mir die Kraft zum Leben,
nur bei Dir fühl ich mich geborgen, und das ist wahr,
etwas Schöneres wird es für mich nie geben.

Danke, dass Du für mich da bist,
Deine Liebe erfüllt mein Leben voll und ganz,
wohlwissend, dass Du es nie vergisst,
geflutet bin ich durch Deinen Glanz.

Doch der Ausdruck meiner Worte ist so schlicht,
eher unbeschreiblich ist die Liebessymphonie,
mein Schatten giert nach Deinem Licht,
in Deinem Herzen bewahrt ist meines Glückes Garantie.

Ich liebe Dich vom ganzen Herzen!

Du

Schenke mir den Augenblick und höre mal zu,
mein größtes Glück, das bist Du.
Manchmal vergesse ich es Dir zu sagen,
komme einfach nur daher mit meinen Klagen.
Du baust mich auf, meine Welt ist dann genesen,
unsere Liebe gibt mir immer Kraft, Du Zauberwesen.

Du bist das Zentrum in meinem Leben,
hast mir soviel gegeben,
einfach nur sich zu bedanken wäre zu banal,
sollte Dich öfters mal umarmen für das all.
Ich weiß, ich tue es oft zu wenig,
ein Kuss von Dir, und ich fühl mich wie ein König.

Ich wünsche mir, Dich noch ewig zu haben an meiner Seite,
auf dass noch lange das Gefühl der Liebe uns begleite.
Mal Verlierer und schon mal Gewinner,
Ich liebe Dich, schreibt Dir Dein Genie und Spinner.
In meinem Herzen ist unendlich viel Platz,
DU – mein Valentinsschatz!!!

Ich Liebe
dich!

Für einen besonderen Menschen

Den ich so brauche, wie die Luft zum Atmen.
Den ich so spüre, wie mein Herzschlag.
Den ich so liebe, dass es unbeschreiblich ist.

Dich!!!

Danke

Ich wollte mich heute mal bei Dir bedanken
Auch wenn wir uns manchmal zanken,
bist Du immer für mich da,
immer hier und immer nah,
Hilfe bekomme ich stets von Dir,
Rat und Trost schenkst Du mir.
Du unterstützt mich in so vielen Dingen
und würdest mich nie zu etwas zwingen.
Ich kann mich immer bei Dir stützen,
Du würdest mich immer beschützen.
Ich kann Dich einfach alles fragen,
Du würdest mir jede Antwort sagen.
Du bist wie ein zweiter Teil von mir.
Mein ganzes Herz, das schenke ich Dir,
denn ich habe Dich tierisch lieb.
Danke, dass es Dich gibt!!!

Dein Lachen

Wenn ich auch mal traurig bin,
betrübt und zweifelnd an meinem Sinn,
dann schließe ich die Augen und stelle mir vor,
den Duft Deiner Haut und Dein Lachen im Ohr.

Bin ich schon mal fort von daheim,
ohne Dich fühle ich mich überall allein,
dann schließe ich die Augen und stelle mir vor,
den Duft Deiner Haut und Dein Lachen im Ohr.

Wieder vereint, neckisch das Spiel, Du verhüllst mir die Pupillenlider,
von Sehnsucht verzehrt, wir haben uns wieder,
dann öffne ich die Augen und meine Sinne jubeln wie oft zuvor,
über den Duft Deiner Haut und dein Lachen im Ohr.

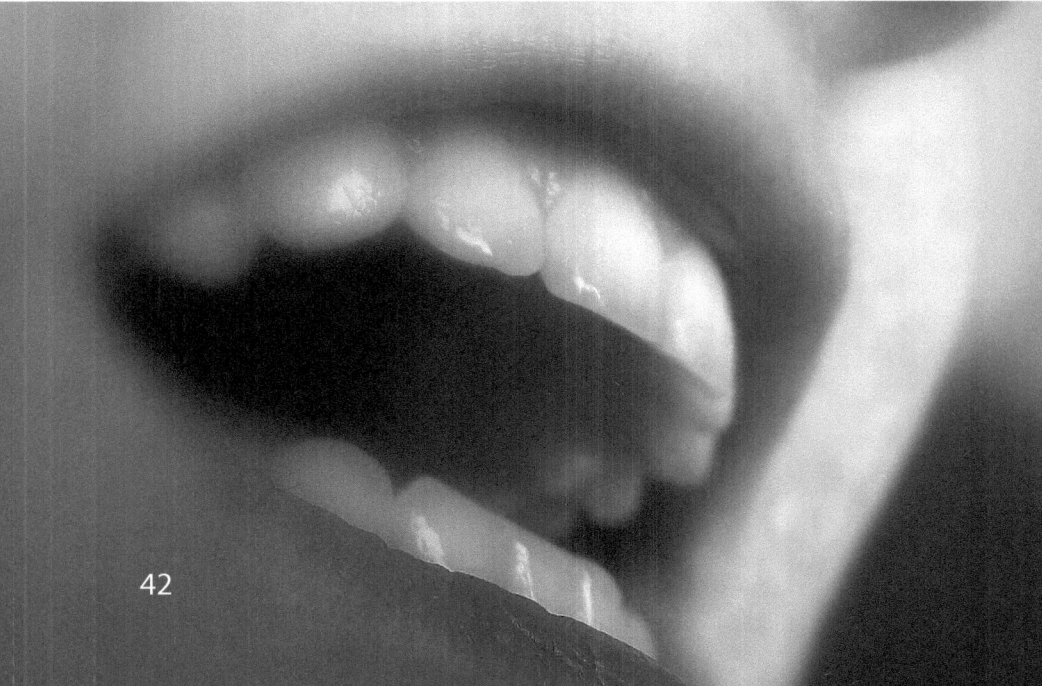

Das Glück

Das Glück hat viele Gesichter in unserem Leben,
es steht für vieles und ist wunderbar,
ein paar Episoden möchte ich hier davon zum Besten geben,
manchmal so fern, aber oft so nah.

Für alle ist es das größte Glück auf Erden,
in Freude vereint ist alles was zählt,
das Wunder ein Mensch zu werden,
wenn man das Baby in den Armen hält.

So mancher freut sich über einen finanziellen Gewinn,
so ein Geldregen bringt Segen,
wer nicht mehr weiter weiß, träumt von einem Neubeginn,
jetzt noch zur Arbeit? Das wäre zu überlegen.

Doch das Glück ist nicht nur etwas zum Greifen,
ein kleines Lächeln oft schon genügt,
verpackt wie ein Geschenk mit bunten Schleifen,
und die trüben Gedanken, sie sind im Nu versiegt.

Freunde zu haben ist ein großes Glück,
wenn Du sie brauchst, sind sie für Dich immer da,
sie an Deiner Seite zu wissen ist ein Privileg,
mit ihnen kannst Du über alles reden, na klar.

Das größte Glück in meinem Leben ist meine Frau,
nur mit Ihr konnte ich die Liebe erleben,
als ich Sie damals traf, da wusste ich es genau,
etwas Schöneres wird es für mich nicht geben.

Glück ist das Einzige, was sich verdoppelt, wenn man es teilt!

Reich beschenkt

Mir kommt grad in den Sinn,
wie reich beschenkt ich bin.
Ich brauche nichts bezahlen,
für warme Sonnenstrahlen.
Und noch so mancherlei
ist hier auf Erden frei.
Das Wichtigste zum Leben
ist uns umsonst gegeben.
Wer es wird erkennen,
kann sich König nennen.

Sternenkind

Nur kurz weiltest Du auf Erden,
alte Fotos zeugen von Deinem Charme,
doch gepeinigt durch allerlei Beschwerden,
hilflos flehend lagst Du in Mamas Arm.

Sanft entschliefst Du in Raum und Zeit,
Deine Seele lebt nun in einer anderen Welt,
behütet nun vom göttlichen Geleit,
Erinnerungen, so unsagbar viel, wie Sterne am Himmelszelt.

Welche Wege wärst Du gegangen?
Wem hättest Du vertraut?
Welchen Strebens wäre Dein Verlangen?
Wer hätte auf Dich gebaut?

Fragen über Fragen, mein Kind,
die Antwort allein, weiß nur der Sternenwind.

Du wirst nie vergessen sein!!!

In Gedenken an Marion

Das alte Haus

Das alte Haus,

       verzaubert mit seinem Charme,

das alte Haus,

       wo ein jeder kam,

das alte Haus,

       nun sind wir alle fort,

das alte Haus,

       an jenem Ort,

das alte Haus,

       es steht noch immer da,

das alte Haus,

       die Erinnerung bleibt wunderbar.

Fremde Erde

Lang ist es her, da kamen sie in dieses Land,
Not und Armut forderten ihren Tribut,
mit Sehnsucht im Gepäck zogen sie gen Unbekannt.
Was wohl geworden wäre, entfernt daheim und nicht hier auf fremder Erde?

In grauen, tristen Häuserwüsten nun leben sie, meist sind sie nur unter
ihresgleichen, fernab von den „Schönen und Reichen", Ignoranz und Toleranz,
Verzweiflung und Hoffnung prägen diese Ghettosymphonie.
Was wohl geworden wäre, entfernt daheim und nicht hier auf fremder Erde?

Lasst uns gemeinsam zueinander finden,
zusammen vereint sind wir stark, denn Freundschaft heißt unser Vertrag.
Springt über die Schatten, um Vorurteile zu überwinden.
Was wohl geworden wäre, bei uns daheim und hier auf unserer Erde?

Wohlstandsgesellschaft

Gestern noch das große Geld,
zweimal Urlaub jedes Jahr,
mit dem neuen Auto war man der Held,
alles schien so wunderbar.

War alles nur eine Illusion,
haben sie wirklich schon gelebt,
wann kommt es zur Kollision,
welche Wege haben sie erstrebt?

Wie haben sie Dich belogen,
immer kamen sie mit neuen Versprechungen an,
im falschen Schein Dich in Sicherheit gewogen,
und was kommt dann,
ja, was kommt dann?

Frage nicht wie, frage nicht wann.
Vorbei. Suche nicht nach Gründen.
Einer sagt, irgendwann,
lass uns gemeinsam neue Wege finden.

Der Morgen

Die Zeit, sie rennt, ich renne mit,
mit großem und mit kleinem Schritt.
Allzu viel ignoriert, getreten, auch zu oft selbst belohnt,
und wenn der Morgen nicht mehr kommt?

Verbogen die Pfade der Tugend, ich tat es auf meine Weise,
stur irrte ich umher und schlug so manche Schneise.
Allzu viel ignoriert, getreten, auch zu oft selbst belohnt,
und wenn der Morgen nicht mehr kommt?

Habe an manchen Wegen Vieles hinterlassen,
baute Brücken und Barrieren, war oft in den Sackgassen.
Allzu viel ignoriert, getreten, auch zu oft selbst belohnt,
und wenn der Morgen nicht mehr kommt?

Irgendwann werde ich vor meiner Ampel stehen,
möchte ehrlich zu mir sagen können, diese Welt war schön.
Im Wesen akzeptiert, geliebt und mit Herz belohnt,
dann, wenn der Morgen nicht mehr kommt.

Der Sog

Der Ursprung aller Schöpfung ist eine Lebensquelle,
die Augen getrübt geleitest Du in das Helle.
Auf dem Strom des Lebens beginnt nun die Reise,
umsegeln wirst Du noch so manche Schneise.

Der Hafen Deiner Jugend, noch liegt er in sicheren Gefilden,
erahnst Du schon die rauen Wasser, diese wilden?
Schon bald treibt es Dich vom Ufer hinaus,
hieve den Anker, setze die Segel, und volle Fahrt voraus.

Das Lebensruder, nun fest in Deinen Händen,
an mancherlei Riffen Deiner Route wirst Du wenden.
Das Salz des Lebens, es dürstet immer mehr,
auf den Wogen treibt spiegelnd ein Lichtermeer.

Die Zeit, sie verrinnt im Sande,
des Schicksals Strömung fließt zum Strande,
den Unwettern trotzt Du nun an sicheren Gestaden.

Die große Fahrt im Sog des Lebens ist bald vorbei.
Seemann Ahoi!

Die Krise

Des Tageslast getragen, sinniere ich vor mir hin,
die Gedanken gilt es zu ordnen vor dem reimenden Beginn.

Frischen Mutes, gewappnet mit einem Stift und auch Papier,
den Kopf geschwängert voller Ideen sitze ich nun hier.

Es raucht das Hirn, ich öffne das Fenster und gönne mir eine Brise,
Oh Schreck! Naht jetzt eine Schaffenskrise?

Der Stift, er klebt regungslos in meiner Hand,
stumm und ratlos starr ich gegen die Wand.

Ungeschriebene Gedanken formulieren sich sehr schwer,
ich glaube, das wird heute nichts mehr.

Vor mir liegt der leere Block,
für den Reimeschmied ist dies wie ein Schock.

Was soll ich tun, was kann ich nur machen?
Möchte doch nur fertig haben, meine Sachen.

Ich texte und dichte, umschreibe Ideen im Vers,
versuche anzusprechen und öffne mein Herz.

Doch ich mag es drehen und wenden wie ich will,
der Dialog mit dem weißen Papier vor mir liegend,
bleibt leider heute still.

Nun sage einmal, wer hat das geschrieben?
Habe mir doch bloß so die Zeit vertrieben!

Geschenke

Meine Gedichte sollen sein Geschenke,
Gedanken stehen Vers für Vers,
grad wenn ich mal nicht daran denke
geht ein Ruck vom Kopf ins Herz.

Sie sind nicht neu geschaffen,
denn sie waren immer schon,
eigentlich haben sie nur geschlafen
im unendlichen Wörterstrom.

Mit dem Herzen hebe ich sie hervor
und lausche gespannt ihrem Dringen
mit aufmerksamen Ohr,
so denn Verse erklingen.

Was unter meinen Händen
nun Stück für Stück entsteht,
möchte ich weiter senden,
damit es Freude sät.

Der Sinn ist es nicht zu verwehren,
denn es ist mein Eigen nicht,
drum freut es mich, Dich zu bescheren
mit diesem Präsent, es ist Dein Gedicht.

Danke

Dereinst aus Eurer Liebe ich wurde geboren,
in einem Hort der Harmonie ein schützend Geleit.
Noch oft denke ich zurück,
zu den Wurzeln meines Glücks.

Die Tage der Kindheit schritten nach vorn,
auf der Suche nach dem Ich begann die Jugendzeit.
Noch oft denke ich zurück,
zu den Wurzeln meines Glücks.

Im Hier und Jetzt ich nun schau,
aus dem Knaben von einst wurde ein Mann,
mir zur Seite steht nun eine Frau.
Noch oft denke ich zurück,
zu den Wurzeln meines Glücks.

Danke Mama und Papa.
Ich habe Euch lieb.